新 HSK（三级）
高分实战试卷
5

刘 云 主编

图书在版编目(CIP)数据

新 HSK（三级）高分实战试卷 5 / 刘云主编. —北京：北京大学出版社，2012.6
（北大版新 HSK 应试辅导丛书）
ISBN 978-7-301-20715-4

Ⅰ.新… Ⅱ.刘… Ⅲ.汉语—对外汉语教学—水平考试—题解 Ⅳ.H195-44

中国版本图书馆 CIP 数据核字（2012）第 112673 号

书　　　　名：新 HSK（三级）高分实战试卷 5
著作责任者：刘　云　主编
责　任　编　辑：贾鸿杰　欧慧英
标　准　书　号：ISBN 978-7-301-20715-4/H·3060
出　版　发　行：北京大学出版社
地　　　　址：北京市海淀区成府路 205 号　100871
网　　　　址：http://www.pup.cn
电　子　邮　箱：zpup@pup.pku.edu.cn
电　　　　话：邮购部 62752015　发行部 62750672　编辑部 62752028
　　　　　　　出版部 62754962
印　刷　者：三河市博文印刷厂
经　销　者：新华书店
　　　　　　　787 毫米×1092 毫米　16 开本　1.75 印张　30 千字
　　　　　　　2012 年 6 月第 1 版　2012 年 6 月第 1 次印刷
定　　　　价：10.00 元

未经许可，不得以任何方式复制或抄袭本书之部分或全部内容。
版权所有，侵权必究　　举报电话：010 - 62752024
　　　　　　　　　　　电子邮箱：fd@pup.pku.edu.cn

目　录

一、听　力 …………………………………………………… 1

二、阅　读 …………………………………………………… 6

三、书　写 …………………………………………………… 12

听力材料 ……………………………………………………… 14

答　案 ………………………………………………………… 21

目 录

新汉语水平考试
HSK（三级）

注　　意

一、HSK(三级)分三部分：

    1. 听力(40题,约35分钟)

    2. 阅读(30题,30分钟)

    3. 书写(10题,15分钟)

二、听力结束后,有5分钟填写答题卡。

三、全部考试约90分钟(含考生填写个人信息时间5分钟)。

中国　北京　　　　　　　　　XXXX/XXXXXXX　编制

一、听　力

（听力内容请登录 http://www.pup.cn/dl/newsmore.cfm?sSnom=d203 下载）

第 一 部 分

第 1-5 题

A

B

C

D

E

F

例如：男：喂，请问张经理在吗？

女：他正在开会，您半个小时以后再打，好吗？　　　　　D

1. ☐
2. ☐
3. ☐
4. ☐
5. ☐

第 6－10 题

A

B

C

D

E

6. ☐
7. ☐
8. ☐
9. ☐
10. ☐

第 二 部 分

第 11-20 题

例如：为了让自己更健康，他每天都花一个小时去锻炼身体。
　　　★ 他希望自己很健康。　　　　　　　　　　　　（ ✓ ）

　　　今天我想早点儿回家。看了看手表，才5点。过了一会儿再看表，还是5点，我这才发现我的手表不走了。
　　　★ 那块儿手表不是他的。　　　　　　　　　　　（ × ）

11. ★ 李海不认识小青。　　　　　　　　　　　　　　（　）

12. ★ 刘老师家有好几百本书。　　　　　　　　　　　（　）

13. ★ "五一"后去旅游也不错。　　　　　　　　　　（　）

14. ★ 赵刚是一名医生。　　　　　　　　　　　　　　（　）

15. ★ 多吃甜食对身体好。　　　　　　　　　　　　　（　）

16. ★ 明天这个教室有考试。　　　　　　　　　　　　（　）

17. ★ 小敏写字比其他人慢。　　　　　　　　　　　　（　）

18. ★ 这几天天气很热。　　　　　　　　　　　　　　（　）

19. ★ 他想去北京上大学。　　　　　　　　　　　　　（　）

20. ★ 刘静想要去买书。　　　　　　　　　　　　　　（　）

第三部分

第 21-30 题

例如：男：小王，帮我开一下门，好吗？谢谢！
　　　女：没问题。您去超市了？买了这么多东西。
　　　问：男的想让小王做什么？
　　　　　　A 开门 ✓　　　　　B 拿东西　　　　　C 去超市买东西

21. A 车站　　　　　　B 饭馆儿　　　　　C 超市

22. A 打电话　　　　　B 看电影　　　　　C 看比赛

23. A 对人热情　　　　B 是南方人　　　　C 是女的的朋友

24. A 喜欢下雨天　　　B 不想看电视　　　C 希望天气变好

25. A 路上　　　　　　B 商店　　　　　　C 图书馆

26. A 25 元　　　　　　B 35 元　　　　　　C 45 元

27. A 师生　　　　　　B 姐弟　　　　　　C 同事

28. A 医生　　　　　　B 经理　　　　　　C 服务员

29. A 今晚有晚会　　　B 男的是老师　　　C 女的要演节目

30. A 男的饿了　　　　B 女的在上班　　　C 男的会做饭

第 四 部 分

第 31-40 题

例如：女：晚饭做好了，准备吃饭了。
　　　男：等一会儿，比赛还有三分钟就结束了。
　　　女：快点儿吧，一起吃，菜冷了就不好吃了。
　　　男：你先吃，我马上就看完了。
　　　问：男的在做什么？
　　　　　A 洗澡　　　　　　B 吃饭　　　　　　C 看电视 ✓

31. A 做饭　　　　　　B 玩儿游戏　　　　　C 看电视

32. A 饭馆儿　　　　　B 公司　　　　　　　C 宾馆

33. A 多休息　　　　　B 锻炼身体　　　　　C 去看医生

34. A 做饭　　　　　　B 游泳　　　　　　　C 打电话

35. A 菜太甜了　　　　B 女的是服务员　　　C 男的喜欢吃糖

36. A 没去上班　　　　B 在卖东西　　　　　C 要洗衬衫

37. A 看报纸　　　　　B 吃早饭　　　　　　C 去上学

38. A 女的要回家　　　B 男的在等车　　　　C 女的迟到了

39. A 不吃面条儿　　　B 想玩儿电脑　　　　C 不去超市

40. A 下楼　　　　　　B 喝水　　　　　　　C 吃水果

二、阅 读

第 一 部 分

第 41-45 题

A 好的,我一定会再认真检查一次的。

B 不是我,是我女朋友经常帮我打扫。

C 上面写着"明天下午 3 点开会"。

D 机会不是别人给的,是你自己找出来的。

E 当然。我们先坐公共汽车,然后换地铁。

F 你不是饿了吗?先吃一块儿吧,我马上就做晚饭。

例如:你知道怎么去那儿吗? (E)

41. 请再给我一个机会,我一定会更努力的! ( )

42. 这房间怎么这么干净啊?你天天打扫吗? ( )

43. 小明,你再检查检查这道题,检查好了再给王老师! ( )

44. 我不想吃蛋糕,太甜了! ( )

45. 王芳,黑板上写的是什么呀? ( )

第 46-50 题

A 你好,请问火车站怎么走?

B 今天的风好大啊,我们还是不要出去了吧。

C 你的耳朵这么红,外面一定很冷吧?

D 这里的环境真好,等我们的孩子长大了一定也会喜欢这里的。

E 我想去超市买点儿面包,你和我一起去吗?

46. 不行,我都和小南说好了下午一起去打篮球,刮风也要去啊! ( )

47. 你这么喜欢,那我们就在这里买房子吧。 ( )

48. 从这里向前走 30 米,中国银行的对面就是。 ( )

49. 好啊,正好我工作累了,和你一去出去走走也好。 ( )

50. 是啊,你一会儿出去的时候一定要多穿点儿衣服。 ( )

第二部分

第51-55题

A 糖　　B 虽然　　C 裤子　　D 唱歌　　E 声音　　F 舒服

例如：她说话的（ E ）多好听啊！

51. 在这里住着真（　　），我们要不在这儿多住几天吧！

52. 小艳，过来，阿姨给你买了很多（　　）。

53. （　　）我没有得第一名，但是我还是很高兴。

54. 你给我打电话的时候，我正在（　　），你找我有什么事吗？

55. 这条（　　）是去年夏天王楠和我一起去北京玩儿的时候买的。

第 56-60 题

A 年轻   B 刷牙   C 香蕉   D 爱好   E 照顾   F 周末

例如：A：你有什么（ D ）？
　　　B：我喜欢体育。

56. A：快点儿起床去（　　），我已经把早饭做好了，你今天不是还要去开会吗？
　　B：知道了，我这就起，你帮我找一下那件白色的衬衫。

57. A：（　　）我们一起去看电影吧，我同事说那部电影非常好看。
　　B：好啊，工作累了，正好休息休息。

58. A：没想到你还这么（　　），我以为你都四五十岁了呢！
　　B：你没想到的事情还多着呢。

59. A：妈妈一会儿要去超市，你有什么想买的吗？
　　B：我想吃（　　），您一会儿买点儿吧。

60. A：真不知道李阿姨一个人怎么能（　　）得了这么多人。
　　B：我妈妈说李阿姨每天天还没亮就起来了。

第三部分

第 61-70 题

例如：您是来参加今天会议的吗？您来早了一点儿，现在才 8 点半。您先进来坐吧。

　　★ 会议最可能几点开始？

　　　A 8 点　　　　　　B 8 点半　　　　　　C 9 点 ✓

61. 妈妈终于同意让我和同学一起去上海旅游了，我要把这件事告诉小玲，让她准备好和我一起去玩儿。

　　★ 妈妈：

　　　A 要去旅游　　　　B 是位老师　　　　C 同意我出去玩儿

62. 我家非常有意思，爸爸每天下班后要做饭；吃完饭后妈妈要洗碗和筷子；我吃完饭后，就到房间里学习，有时候也会和爸爸一起看电视。

　　★ 母亲下班后要：

　　　A 做饭　　　　　　B 学习　　　　　　C 洗碗

63. 小贝虽然长得不漂亮，但是大家都很喜欢她，因为她不但聪明，还非常可爱，看到人都会笑着问好。她喜欢唱歌，希望世界都是快乐的。

　　★ 关于小贝，下面哪项不正确？

　　　A 可爱　　　　　　B 聪明　　　　　　C 漂亮

64. 世界上本来没有路，走的人多了就有了路。当你找不到回家的路时，不要难过，只要你用心找，一定能找到一条回家的新路。

　　★ 这段话主要想告诉我们，脚下的路：

　　　A 是新的　　　　　B 要用心找　　　　C 走的人很少

65. 这个房子哪儿都好,就是离车站太远了,坐车去城里买东西、上班都不方便。如果是我,我就会选择买离城里近一点儿的房子。
　　★ 根据这段话,这个房子:
　　　　A 离城里很近　　　B 坐车不方便　　　C 附近有车站

66. 你不用担心,我下午带豆豆去超市买了很多吃的东西。她在回来的路上就吃了很多了,现在已经不饿了。我们先吃晚饭吧,她不吃就不要叫她了。
　　★ 豆豆为什么不想吃晚饭?
　　　　A 饱了　　　　　　B 生病了　　　　　C 晚饭不好吃

67. 礼物不在大小,主要在于送礼物的人是谁。如果是我家小孩儿送我的东西,就是一张白纸,我都会非常高兴的。
　　★ 根据这段话,送礼物的人:
　　　　A 很重要　　　　　B 已经走了　　　　C 是个小孩儿

68. 李艳上个月才买了一个冰箱,这个月初买了一台电脑,昨天又买了一辆汽车。大家都没想到她能在半年内变得这么有钱。
　　★ 李艳现在:
　　　　A 想买电脑　　　　B 很有钱　　　　　C 工作很忙

69. 王明每天早上都会到公园去跑步,周末还会到体育馆游泳。有时间的话,他也会和朋友一起去爬山,所以他很少生病。
　　★ 王明:
　　　　A 经常锻炼　　　　B 经常生病　　　　C 有很多朋友

70. 坐在那边吃饭的那个漂亮的女孩儿就是李静的姐姐,她在机场工作。没想到在这里吃饭还能遇到她,上次我们去李静家给她过生日不是还见过她姐姐吗?你不记得了吗?
　　★ 李静的姐姐现在可能在:
　　　　A 机场　　　　　　B 饭馆儿　　　　　C 家里

三、书写

第一部分

第71-75题

例如：小船　上　一　河　条　有

　　　河上有一条小船。

71. 很　声音　李玉　的　难听

72. 买　张颖　想　照相机　一个

73. 衣服　我们　店里　相同的　没有

74. 很好　他的　说得　普通话

75. 这个　请　把　写在　词　纸上

第二部分

第 76 - 80 题

例如：没（ 关 guān ）系，别难过，高兴点儿。

76. 今天天气真好，没有刮风，还有很多白（ yún ）。

77. 这是妈妈昨天在超市买的新（ pán ）子。

78. 李静，你不是想买新字（ diǎn ）吗？你下午和我一起去书店吧。

79. 这本（ lì ）史书是我最喜欢的一本书，我想把它送给你。

80. 你的（ tóu ）发长得真快，才一个月就长这么长了。

听力材料

(音乐,30秒,渐弱)

大家好!欢迎参加HSK(三级)考试。
大家好!欢迎参加HSK(三级)考试。
大家好!欢迎参加HSK(三级)考试。

HSK(三级)听力考试分四部分,共40题。
请大家注意,听力考试现在开始。

第一部分

一共10个题,每题听两次。

例如:男:喂,请问张经理在吗?
　　　女:他正在开会,您半个小时以后再打,好吗?

现在开始第1到5题:

1. 女:为了完成这次作业,我一边写还一边上网找了很多东西呢。
   男:我也正在家里写呢,这次的作业真是又多又难啊!

2. 女:我要去机场了,再见!
   男:祝你旅游快乐!路上小心,再见!

3. 男:小静,过来吃点儿水果吧,你想吃什么?苹果怎么样?
   女:我不喜欢吃苹果,还是吃葡萄吧。

4. 女:妈妈呢?还在厨房吗?
   女:对啊,妈妈还在厨房里洗盘子呢。

5. 男:爷爷,您在用电脑玩儿游戏吗?
   男:是啊,你在看报纸,我在玩儿游戏!

现在开始第 6 到 10 题：

6. 男：姐姐，你的饭还没做好吗？我都快饿死了！
   女：你先吃点儿面包，再过 15 分钟就可以吃了。

7. 女：小飞，来吃点儿东西。
   男：妈妈，我已经吃饱了，不想再吃东西了。

8. 男：这是我自己做的菜，你来吃点儿吧，给你筷子。
   女：谢谢，看上去很好吃！

9. 男：工作还没做完吗？你怎么还没下班呢？
   女：马上就做完了，把这些东西在电脑上打出来就行了。

10. 女：我又感冒了，都快变成红鼻子了。
    男：那你还不快去医院开点儿药！

第二部分

一共 10 个题，每题听两次。

例如：为了让自己更健康，他每天都花一个小时去锻炼身体。
   ★ 他希望自己很健康。

   今天我想早点儿回家。看了看手表，才 5 点。过了一会儿再看表，还是 5 点，我这才发现我的手表不走了。
   ★ 那块儿手表不是他的。

现在开始第 11 题：

11. 我只知道李海是上海人，但是不知道他什么时候生日。你要不去问问小青，她和李海是非常好的朋友，我觉得她应该知道。
    ★ 李海不认识小青。

12. 刘老师特别愿意把钱花在买书上,她每个月都会花好几百块钱买书,现在她家里都已经有好几千本书了。
    ★ 刘老师家有好几百本书。

13. "五一"后再出去旅游是一个不错的选择,这时候大家都开始回来上班了,旅游的地方人会变少一点儿。
    ★ "五一"后去旅游也不错。

14. 赵刚是苏州人,小时候他想成为一名医生,长大后他却成了一名老师,这是他的家人都没有想到的事情。
    ★ 赵刚是一名医生。

15. 妈妈非常喜欢吃甜的东西。张丽常对妈妈说少吃一点儿甜食,吃多了对身体不好。
    ★ 多吃甜食对身体好。

16. 同学们请注意,明天早上8点这个教室有数学考试,请同学们今天晚上看完书后,把自己的书都带走,谢谢大家!
    ★ 明天这个教室有考试。

17. 小敏是个聪明的孩子,但是每次考试她考的分数都不高,后来老师问过了之后才知道是因为她写字比其他同学慢,每次考试都写不完。
    ★ 小敏写字比其他人慢。

18. 这几天非常热,你最好不要出去玩儿,不要热得生病了,还是等过几天不热了再出去吧。
    ★ 这几天天气很热。

19. 您好,请问北京大学怎么走?我想去那儿找个人,但是我不知道坐哪路车能到那里。
    ★ 他想去北京上大学。

20. 超市旁边有一个新华书店,我们一起去那里看看吧。我想买本书送给刘静,她的生日快到了。

★ 刘静想要去买书。

第三部分

一共10个题,每题听两次。

例如:男:小王,帮我开一下门,好吗?谢谢!
女:没问题。您去超市了?买了这么多东西。
问:男的想让小王做什么?

现在开始第21题:

21. 男:先吃了饭再走吧。
女:不了,没时间了,再晚就赶不上公共汽车了。
问:女的打算先去哪儿?

22. 男:小林,这场比赛你觉得谁会得第一?
女:我看开心队得第一的可能比较大,你看王楠刚刚那一球打得多好啊!
问:他们正在做什么?

23. 男:王娜是一个北方女孩儿,对人很好,很喜欢帮助人,你一定会喜欢她的。
女:希望我们能成为好朋友。
问:关于王娜,可以知道什么?

24. 女:都三天没见太阳了,天天下雨,你说什么时候能天晴啊?
男:不用急,电视上说过几天天气就会晴了。
问:女的主要是什么意思?

25. 男:请问附近有卖地图的地方吗?
女:路对面的那个小店就卖地图,你过去看看吧。
问:他们可能在哪儿?

26. 女：先生，您好，您的东西一共是75元。
    男：给你一张一百的，你找吧。
    问：女的应该找给男的多少钱？

27. 女：妈妈已经做好早饭去上班了，你快点儿起来刷牙吃饭！
    男：姐姐，今天又不用上课，你让我再睡一会儿吧。
    问：他们是什么关系？

28. 男：从你的检查结果来看，你的身体现在已经好了。
    女：您的意思是我下星期不用来医院了？太好了，谢谢您啊！
    问：男的是做什么的？

29. 男：王老师，今天晚上的晚会您会去参加吗？
    女：不是有我们班的表演吗？我当然会去看了。
    问：根据对话，可以知道什么？

30. 女：哥哥，我饿了，妈妈怎么还不回来呀？
    男：妈妈说她今天要加班，我马上就给你做饭去，你想吃什么呀？
    问：根据对话，可以知道什么？

第四部分

一共10个题，每题听两次。

例如：女：晚饭做好了，准备吃饭了。
    男：等一会儿，比赛还有三分钟就结束了。
    女：快点儿吧，一起吃，菜冷了就不好吃了。
    男：你先吃，我马上就看完了。
    问：男的在做什么？

现在开始第31题：

31. 男：你平常在家都做些什么呀？
    女：我在家看看电视，上上网，做做饭。你呢？

男：我在家喜欢一边吃东西一边玩儿游戏。
女：我说你怎么这么胖呢，没想到你有一个这样的坏习惯啊！
问：男的喜欢在家做什么？

32. 男：你好，我想要一个单人房。
    女：对不起，先生，我们这里只有双人房了。
    男：那给我开一间双人房好了。
    女：好的，一晚上198元。
    问：男的现在在哪儿？

33. 男：奶奶，医生说您要多运动运动！
    女：这么冷的天，运动也要等天晴了再说啊。
    男：那等天气好了，我和您一起去公园走走吧。
    女：好啊，现在我要睡觉了，你可以去看书了。
    问：男的希望女的做什么？

34. 女：李阳，你现在干什么呢？
    男：帮我妈妈做饭呢，你找我有事儿吗？
    女：我下午想去游泳，你和我一起去吧。
    男：好啊！那下午两点我开车去你家接你。
    问：他们正在做什么？

35. 女：服务员，过来一下，你看一下这菜是怎么回事儿？
    男：您好，请问这菜有什么问题吗？
    女：这道菜不应该是甜的呀！
    男：可能是糖放多了，我这就给您换一盘。
    问：根据对话，可以知道什么？

36. 男：这位小姐，你好，请问有什么可以帮助你的吗？
    女：你好，我想给我先生买件衬衫，现在什么样的卖得好啊？
    男：今年这个颜色的衬衫卖得很好，请到这边看看。
    女：那就帮我拿一件这样的吧，谢谢！

问：关于男的，可以知道什么？

37. 女：爸爸，这是今天的报纸，我给您拿进来了。
    男：我女儿真好！过来吃早饭吧，吃完快点儿去上学。
    女：我已经吃过了，我拿本书就走了。
    男：那你路上骑车小心点儿，注意安全。
    问：女的想要做什么？

38. 男：火车又晚点了，这次晚了半个小时。
    女：半个小时不长，我上次回去坐的火车晚了两个多小时呢。
    男：照你这么说，我这还是好的了！
    女：当然了，半个小时一会儿就过去了，你再等等吧。
    问：根据对话，可以知道什么？

39. 女：家里没有米了，今晚我们吃面条儿吧。
    男：我不爱吃面条儿，现在才4点多，我们去超市买点儿米再回来做饭吧。
    女：那也只能这样了，走吧。
    男：等我一下，我把电脑关了。
    问：男的是什么意思？

40. 女：张锐，欢迎你来我家玩儿，不要客气，来，吃点水果。
    男：谢谢阿姨，刘亮呢，怎么没见到他呀？
    女：他到楼下的超市去买东西了，一会儿就上来，你先坐这儿等他吧。
    男：好的。
    问：男的现在可能在做什么？

听力考试现在结束。

答 案

一、听 力

第一部分

1. F 2. C 3. A 4. B 5. E
6. E 7. C 8. A 9. D 10. B

第二部分

11. × 12. × 13. √ 14. × 15. ×
16. √ 17. √ 18. √ 19. × 20. ×

第三部分

21. A 22. C 23. A 24. C 25. A
26. A 27. B 28. A 29. A 30. C

第四部分

31. B 32. C 33. B 34. C 35. A
36. B 37. C 38. B 39. A 40. C

二、阅 读

第一部分

41. D 42. B 43. A 44. F 45. C
46. B 47. D 48. A 49. E 50. C

第二部分

51. F 52. A 53. B 54. D 55. C
56. B 57. F 58. A 59. C 60. E

第三部分

61. C 62. C 63. C 64. B 65. B
66. A 67. A 68. B 69. A 70. B

三、书写

第一部分

71. 李玉的声音很难听。
72. 张颖想买一个照相机。
73. 我们店里没有相同的衣服。
74. 他的普通话说得很好。
75. 请把这个词写在纸上。

第二部分

76. 云
77. 盘
78. 典
79. 历
80. 头